D'UN

ADOUCISSEMENT A LA LOI

SUR

LES FAILLITES

PAR

André **SABATIER**

AVOCAT

> Il ne dépend d'aucune loi de faire qu'une défaveur morale ne soit pas attachée au fait de ne pas tenir ses engagements pas plus qu'il ne dépend d'aucune loi d'empêcher qu'une faillite soit toujours une mauvaise affaire pour les créanciers. (Réponse du tribunal de Marseille au questionnaire Ducuing.)

Extrait de la REVUE CRITIQUE DE LÉGISLATION ET DE JURISPRUDENCE

PARIS

A. COTILLON ET Cᵉ, ÉDITEURS, LIBRAIRES DU CONSEIL D'ÉTAT

24, rue Soufflot, 24

—

1879

D'UN

ADOUCISSEMENT A LA LOI

SUR

LES FAILLITES

PAR

André **SABATIER**

AVOCAT

> Il ne dépend d'aucune loi de faire qu'une défaveur
> morale ne soit pas attachée au fait de ne pas tenir ses
> engagements pas plus qu'il ne dépend d'aucune loi
> d'empêcher qu'une faillite soit toujours une mauvaise
> affaire pour les créanciers. (Réponse du tribunal de
> Marseille au questionnaire Ducuing.)

Extrait de la Revue critique de Législation et de Jurisprudence

PARIS

A. COTILLON ET Cᵉ, ÉDITEURS, LIBRAIRES DU CONSEIL D'ÉTAT

24, rue Soufflot, 24.

—

1879

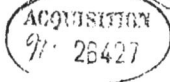

D'UN

ADOUCISSEMENT A LA LOI

SUR

LES FAILLITES.

> Il ne dépend d'aucune loi de faire qu'une défaveur
> morale ne soit pas attachée au fait de ne pas tenir ses
> engagements, pas plus qu'il ne dépend d'aucune loi
> d'empêcher qu'une faillite soit toujours une mauvaise
> affaire pour les créanciers. (Réponse du tribunal de
> Marseille au questionnaire Ducuing.)

Dans un précédent article [1], nous réclamions, entre autres
mesures rendues nécessaires par le nombre croissant des
faillites clôturées pour insuffisance d'actif, une répression
plus sévère; notre but est, dans le présent article, d'examiner les adoucissements que comporte la loi de 1838.

Il est possible en effet d'améliorer la loi et d'accroître son
efficacité, en rendant plus rigoureuse la poursuite de la fraude
et de la négligence, et simultanément en exemptant d'injustes
flétrissures et d'entraves pénibles le négociant honnête que
le malheur frappe.

C'est là une question que pourra nous aider à résoudre
l'étude de cette longue et ardente campagne qui est menée,
sous le nom de *Concordats amiables*, depuis trente ans par
nombre de juristes et d'économistes distingués.

Voici sommairement les critiques principales dirigées

---

[1] Voir *Revue critique*, nouvelle série, t. VII, p. 344.

contre la loi de 1838, par les partisans des concordats amiables [1].

I. Le failli ne dépose son bilan que pour éviter la vente de son mobilier; rarement, il prend cette résolution, avant d'avoir épuisé son actif dans une lutte stérile et pénible; le plus souvent, la faillite est déclarée sur la citation d'un créancier [2].

Cette résistance du débiteur à faire l'aveu judiciaire de son insolvabilité, s'explique facilement.

Depuis l'abolition de la contrainte par corps, la faillite n'a plus pour eefft d'exonérer le débiteur de l'emprisonnement; entre deux maux, il n'a plus à choisir le moindre ; tant qu'il est *in bonis,* il est assuré de sa liberté et de ses biens; tous ses efforts se concentrent dès lors à éviter la seule mesure de rigueur qui puisse l'atteindre dans son honneur, sa propriété et même sa liberté, car la faillite rend l'emprisonnement possible (art. 455 C. comm.)

Le régime de la faillite n'est pas attrayant, tant s'en faut; le syndic dispose de l'actif, discute et vérifie le passif, scrute les agissements du débiteur; le parquet est saisi d'un droit immédiat et souverain d'investigation, car le failli est suspect; la police correctionnelle ou la cour d'assises peut être saisie; l'actif est réalisé à bref délai et par suite dans des conditions souvent désavantageuses; le passif échelonné sur un laps de temps étendu, devient immédiatement exigible.

De cet effondrement général, que résulte-t-il? Pour les créanciers la distribution de ressources fatalement très-réduites; pour le failli, la flétrissure morale et la ruine d'un avenir commercial, qui, plus ménagé, pouvait offrir des chances de relèvement.

[1] Rapport de M. Mathieu Bodet à l'Assemblée nationale, séance du 17 avril 1871; Lyon-Caen, *Revue critique de législation,* année 1875, p. 288; Ducuing, *Guide judiciaire et pratique en matière de faillite;* Arthur Mangin, *Économiste français;* Cyprien Girerd, discussion à l'Assemblée nationale; Dramard, etc.; Réponse au questionnaire Ducuing par la chambre de commerce de Saône-et-Loire (1871, Sordet-Montalan, Châlon-sur-Saône).

[2] Sur les 28,000 faillites déclarées de janvier 1847 à octobre 1871, nous ne croyons pas qu'une seule l'ait été à la suite d'un dépôt de bilan effectué par le débiteur dans les trois jours de la cessation de ses payements (Camberlin, secrétaire de la présidence du tribunal de commerce de la Seine; proposition faisant suite aux réflexions sur les concordats amiables).

Le concordat peut atténuer ces dures conséquences de la faillite ; mais que d'écueils à éviter depuis le dépôt du bilan jusqu'à l'homologation ! D'ailleurs l'honneur n'est-il pas entamé et le crédit n'est-il pas ébranlé ?

« Partout à chaque pas, vous trouverez dans la législation « une tentative d'arrangement, avant de se voir exposé aux « frais d'un procès (*ordres judiciaires, distribution par contri-* « *bution, préliminaire de conciliation*). Il n'y a absolument que « dans la faillite que ce préliminaire ne se trouve pas et que « créanciers et débiteurs sont dans la nécessité d'en passer « par ces formalités et de subir les frais de la faillite sans « avoir tenté de s'accorder ; on condamnera d'abord le débi- « teur, on l'exécutera et on le jugera ensuite [1]. »

Cette terreur de la faillite enfante une lutte, qui épuise le temps et l'intelligence du débiteur ; il use son activité non plus à conclure des affaires productives, mais exclusivement *à faire de l'argent ;* non pas attiré par l'appât du gain, mais tyrannisé par le spectre de l'échéance, cette échance *in extremis* prorogée après protêt ou saisie, il creuse un abîme pour boucher quelques trous.

Et cette résistance si onéreuse pour tous, que la loi prohibe sous des peines sévères, quel négociant n'est pas disposé à en accepter les périls dans l'espoir qu'avec le temps, il pourra rétablir sa situation ? L'opinion publique n'excuse-t-elle pas ses efforts pour éviter l'infamie et la confiscation ? Trop de résignation du débiteur à accepter pareille déchéance témoignerait d'une dignité trop facile : la crainte de la faillite n'est-elle pas l'étiage de la moralité commerciale ?

Ces considérations ont inspiré l'idée d'atténuer les conséquences trop rigoureuses qu'entraîne la cessation de paye-

---

[1] Cyprien Girerd (Assemblée nationale, 22 avril 1871). Voir dans le même sens : *Plus de faillites*, par Denenval (Dentu, 1867) ; *Observations sur la loi des faillites*, par Leblanc (Paris, Lechevallier, éditeur) ; Rapport aux chambres syndicales de l'Union nationale, journal l'*Union nationale* des 30 décembre 1868 et 25 novembre 1868, 14 avril 1869. *Contrà :* chambres syndicales des entrepreneurs et du commerce en gros des vins et spiritueux (1872, Boucquin, Paris) ; *Étude comparée sur la loi anglaise de* 1869, F. Gardissal (1871, Paris). M. Louvet, président du tribunal de commerce de la Seine, aurait présenté un projet dans ce sens (journal l'*Union nationale* du 5 décembre 1868).

ments constatée ; d'ailleurs le commerçant qui manque à ses engagements, n'est pas nécessairement coupable ; la faute peut être grave, légère et même nulle : pourquoi attacher la flétrissure à un fait matériel, sans en dégager les éléments qui peuvent être à la décharge du débiteur?

Pourquoi le jeter fatalement entre cette lutte à outrance presque toujours onéreuse et dénuée de succès et cette déchéance implacable? Ni l'intérêt ni la morale n'y trouvent leur compte.

Concordataires, unionistes, excusables ou inexcusables, faillis récidivistes, tous sont confondus dans une appellation générale ; c'est la seule que le public enregistre ; quant à la banqueroute simple et à la banqueroute frauduleuse, elles sont le complément, mais fréquemment non la partie la plus sensible et la plus retentissante du châtiment ; l'infamie pénale se perd dans le temps ; la faillite ne s'efface pas. Enfin la réalisation de l'actif ne sera-t-elle pas plus avantageuse, si elle est confiée à celui qui a le plus grand intérêt à en augmenter le produit?

« En résumé, *dit M. Ducoin*, que la loi soit d'un accès facile,
« qu'elle soit débarrassée de ce qu'elle a de pénible, de rigoureux,
« parfois d'injuste dans sa sévérité; qu'elle soit rendue, je dirai
« presque attrayante par sa vigilante bienveillance: il est évident
« que sachant qu'en faisant appel au tribunal, il y trouvera aide et
« protection, que sa situation prise à temps sera liquidée au mieux
« des intérêts de tous, de sa considération, de son avenir, le débi-
« teur réellement malheureux n'hésitera plus à faire connaître sa
« position et à la remettre à des personnes dignes de la confiance
« de chacun [1]. »

II. Unanimes dans leurs critiques, les réformateurs de la loi sur les faillites sont assez divisés dans les solutions qu'ils proposent; la philanthropie est facile jusqu'au moment où il la faut concilier avec des nécessités que la loi constate, plutôt qu'elle ne les crée ; en face de la pitié qu'inspire le débiteur se dressent les droits des créanciers dont la protection réclame des mesures précises et efficaces.

[1] Ducoin, *Guide judiciaire et pratique en matière de faillite.*

La difficulté du sujet apparaîtra au fur et à mesure de l'étude des divers systèmes proposés.

Tout naturellement, l'idée est venue de rendre permanentes les mesures d'adoucissement que le législateur a édictées en 1848 et 1871, à la suite d'événements politiques qui avaient lourdement pesé sur le commerce et l'industrie.

La loi de 1848 a été votée à la suite de brillantes discussions et après le rejet de propositions que nous devons examiner.

M. Jules Favre avait proposé à la Constituante : « d'autoriser les tribunaux de commerce à homologuer les traités amiables qui interviendraient entre les commerçants, en état de cessation de payements et leurs créanciers, si ces traités réunissaient l'adhésion des deux tiers; ils pouvaient refuser cette homologation, s'ils reconnaissaient qu'il y avait eu fraude. »

Cette proposition fut repoussée par le comité de législation dont le rapporteur était un éminent jurisconsulte, M. Bravard-Veyrières[1].

« Comment, en effet, disait-il, fixer l'époque de la cessa-
« tion de payements, constater la situation réelle du débi-
« teur, découvrir ses ressources cachées, empêcher les sous-
« tractions, reconnaître les créanciers sincères, repousser
« ceux qui ne le sont pas ou qui n'ont pas de titres valables?

« Il y a, en général, *ajoutait le rapporteur*, entre les dis-
« positions du Code et celles qu'on voudrait leur substituer,
« cette différence capitale que le Code veut des apprécia-
« tions exactes, précises, tandis que les auteurs[2] des pro-
« positions se contentent d'appréciations vagues, arbitraires,
« suspectes de partialité et de passion; que le Code veut

[1] Rapport fait à la Constituante par M. Bravard-Veyrières, au nom du comité de législation (Dalloz, *Périodique*, 1848, 4, 153).

[2] Dans une autre proposition, M. Dupont de Bussac n'exigeait pour la formation du concordat ni majorité en nombre, ni majorité en sommes ; il instituait une commission arbitrale de cinq membres dont trois étaient nommés d'office par le tribunal de commerce et les deux autres choisis par ce tribunal sur une liste de créanciers présentée par les trois premiers arbitres. cette commission arbitrale entendait le débiteur et les créanciers, vérifiait le bilan et acceptait ou non les conditions offertes par le débiteur; quand elle les acceptait il y avait concordat.

« qu'avant d'en venir au concordat, on s'assure s'il y a eu
« ou non fraude, et il fournit les moyens de la constater et
« de la réprimer, avant comme après le traité, tandis que
« les auteurs des propositions veulent qu'on commence par
« faire un concordat, sauf à rechercher s'il y a eu fraude, et
« ils ne laissent aucun moyen sérieux de la découvrir et de
« l'atteindre.

« En dernière analyse, *concluait M. Bravard-Veyrières*, il
« ne saurait y avoir que deux principes entre lesquels on
« puisse choisir, savoir : le libre concours de toutes les
« volontés, en d'autres termes, la convention, ou bien la
« majorité des volontés substituée à l'unanimité ; en un mot
« la loi ! Quand donc les créanciers et le débiteur ne peuvent
« parvenir à s'entendre d'un commun accord sur la liquida-
« tion, il n'y a plus qu'à s'en remettre à la sagesse de la
« loi, à suivre la marche qu'elle indique, à se conformer à
« ses prescriptions. »

Le comité du commerce et de l'industrie avait, de son
côté, établi un ensemble de dispositions dont voici les
principales :

Art. 1er. — Tout commerçant en état de suspension de
payements depuis le 24 février 1848, pourra, sur une requête
explicative, présentée au tribunal de commerce de son
domicile, et contenant copie exacte de son bilan, obtenir un
sursis d'un mois obligatoire pour les créanciers portés au
bilan.

Par ce jugement, le tribunal nommera un juge-commissaire, et choisira, parmi les créanciers, un ou plusieurs
commissaires chargés de procéder de concert avec le débiteur à la liquidation amiable des affaires de celui-ci sous la
surveillance du juge commis.

Un extrait, etc... (formalités de publicité analogues à celles
du Code.)

Art. 2. — Le débiteur continuera l'administration de ses
affaires, sous la surveillance des commissaires, qui auront le
droit, avec l'approbation du juge commis, de déterminer
l'emploi des deniers recouvrés.

Art. 3 et 4. — (Formalités de vérification de l'actif et du
passif et affirmation des créances, analogues à celles du Code).

Art. 5. — Le traité, qui interviendra entre le débiteur et

ses créanciers sera adressé au tribunal, avec un rapport des commissaires.

Si ce traité est consenti par une majorité des *deux tiers* des créanciers représentant les trois quarts en sommes des créances vérifiées, et si aucune faute lourde, dans la gestion des affaires, ni aucune présomption de fraude ne peuvent être reprochées aux débiteurs, le tribunal, le juge commis entendu, homologuera le traité qui deviendra *obligatoire pour tous les créanciers adhérents ou non adhérents* [1]. »

Ce projet, sans trop d'inconvénients dans l'hypothèse d'une situation simple et d'un concordat presque immédiat offre dans les autres cas un nombre énorme de lacunes ; comment en effet, concilier cette liquidation de l'actif avec la continuation de l'exploitation ? C'est le débiteur qui continue d'administrer, malgré son incapacité présumée, et non une masse créancière, agissant sous le couvert de sa responsabilité, et par un mandataire spécial et choisi ; quelle situation est faite aux créanciers nouveaux et aux créanciers anciens, les uns par rapport aux autres ? Comment supplée-t-on aux garanties qui résultent dans le Code du dessaisissement, du bilan, de l'inventaire, des rapports auxquels sont soumis les créanciers mal payés ? Comment le juge commissaire pourra-t-il exercer sa surveillance sur les créanciers commissaires ? Quelle sera la sanction qui fera respecter son autorité ? Comment ces négociants pourront-ils résoudre les difficultés multiples que suscitent les priviléges, les nullités, et assurer leur autorité sur le débiteur ?

Quelle sera leur responsabilité, à la supposer réelle, et quels seront ceux d'entre eux disposés à consacrer à l'œuvre pénible et absorbante d'une pareille gestion un temps et des soins, qui les détourneront de l'exercice bien plus facile et bien plus rémunérateur de leurs professions habituelles ?

Ce projet fut rejeté sur l'avis de M. Bravard-Veyrières et la Constituante s'arrêta au décret suivant :

Art. 1er. — Les suspensions ou cessations de payements survenues depuis le 24 février 1848 jusqu'à la promulgation du présent décret, bien que réglées par la disposition du titre 5 du Code de commerce ne recevront la qualification de

[1] Les articles suivants sont relatifs à la répression des fraudes,

faillite et n'entraîneront les incapacités attachées à la qualité de failli que dans le cas où le tribunal de commerce refuserait d'homologuer le concordat, ou, en l'homologuant, ne déclarerait pas le débiteur affranchi de cette qualification.

Art. 2. — Le tribunal de commerce aura la faculté, si un arrangement amiable est déjà consenti entre le débiteur et la moitié en nombre de ses créanciers, représentant les trois quarts en somme, de dispenser le débiteur de l'apposition des scellés et de l'inventaire judiciaire.

Dans ce cas, le débiteur conservera l'administration de ses affaires et procédera à leur liquidation concurremment avec les syndics régulièrement nommés, et sous la surveillance du juge-commissaire, mais sans pouvoir créer de nouvelles dettes.

Les dispositions du Code de commerce relatives à la vérification des créances, au concordat, aux opérations qui les précèdent et qui les suivent et aux conséquences de la faillite dont le débiteur n'est pas affranchi, continueront de recevoir leur application.

Comme le fit très-bien remarquer M. Bravard-Veyrières, dans un article inséré au *Moniteur officiel* [1], l'article premier qui consacrait un adoucissement justifié par les circonstances actuelles, devait être d'une application très-réservée, sous peine de dépasser l'intention du législateur : « Ce n'est pas la loi qui réhabilite le failli, c'est lui-même ; quand il a effacé toutes les conséquences de sa faillite en payant toutes ses dettes en principal, intérêts et frais, même la portion dont il lui a été fait remise par le concordat, il est juste, il est naturel que la cessation des payements soit comme non avenue, puisqu'il n'en reste aucune trace, aucun vestige ; aussi la justice n'intervient-elle que pour constater que le débiteur a loyalement, sincèrement désintéressé tous ceux qui avaient souffert de la faillite et son rôle se borne à le proclamer.

« Mais, en sens inverse, tant que les conséquences de la cessation de payements existent, tant qu'il y a des personnes qui souffrent encore dans leur fortune, nul ne peut dire que le débiteur n'a pas failli ; car les faits sont là, qui attestent le

---

[1] *Moniteur universel* du 25 septembre 1848.

contraire; ce serait un mensonge et une atteinte à l'honneur de la réhabilitation. »

« Si donc, *concluait M. Bravard-Veyrières*, les tribunaux veulent rester fidèles aux principes et à l'esprit du décret, en un mot à la vérité, ils ne devront user de cette facilité qu'en faveur des débiteurs, qui s'engageront à payer à leurs créanciers aux échéances et avec les facilités accordées par ce traité, la totalité de ce qui leur est dû ; car c'est une réhabilitation simplifiée et rien de plus que le décret du 22 août a voulu introduire en faveur des débiteurs qui en seront dignes; si une fois les tribunaux de commerce s'écartent de la voie qui vient d'être indiquée, où s'arrêteront-ils? il n'y aura plus de limites à leur condescendance, ils seront inévitablement entraînés à ne plus voir des faillis dans ces débiteurs qui feront perdre à leurs créanciers 20, 30, 40, 50 p. 100 et même davantage; quoi de plus choquant! »

Les sages réserves de l'illustre professseur s'appliquaient à l'article 1er; elles résument par leur logique et leur élévation, la philosophie de la loi sur les faillites et constituent une sorte de critérium de toutes les modifications qui pourront être proposées ; nous aurons occasion d'y revenir plus tard.

Sur l'article 2, M. Bravard-Veyrières critiquait amèrement les dispositions qu'il contenait, et qui avaient été introduites au cours de la discussion par un amendement non soumis aux comités.

Comment en effet le débiteur pourra-t-il être réellement maintenu à la tête de ses affaires, du moment qu'il lui est absolument interdit de contracter de nouvelles dettes?

Quelle sera exactement la fonction des syndics, en présence du débiteur qui conservera l'administration de ses biens?

Combien durera cette situation bizarre et qui pourra l'abréger? Comment constater l'actif et la moralité des agissements du débiteur, après avoir supprimé le dessaisissement et l'inventaire? Le véritable syndic ne sera-t-il pas le failli, déjouant toutes les recherches et toutes les mesures coercitives par son droit d'administration? Et ce privilége actif serait conféré par un acte antérieur à la vérification régulière des créances, acte obtenu par des sollicitations à domicile

et moyennant un prix occulte donné aux créanciers récalci-
trants! Ces traités directs entre le débiteur et chaque créancier, faits isolément avec chacun, ne sont-ils pas à bon droit
suspectés, quand leurs abus sont si souvent révélés à la barre
de la police correctionnelle et lorsque les concordats judiciaires eux-mêmes sont à peine préservés de l'achat des suf-
frages [1]?

La loi du 22 avril-9 mai 1871 a reproduit les termes
mêmes du décret du 22 août 1848.

L'Assemblée nationale s'est approprié une loi toute faite et
fort simple; mais M. Ducuing et plusieurs de ses collègues,
avaient, au cours de la discussion, proposé une série de dispositions destinées, dans leur esprit, à être permanentes;
elles furent retirées devant la nécessité de promulguer immédiatement une loi très-urgente, puis déposées de nouveau
sur le bureau de l'Assemblée et donnèrent lieu à une série
de rapports.

Voici le principal projet :

Art. 1er. — Les suspensions ou cessations de payements ne
recevront la qualification de faillite que dans le cas où le
tribunal de commerce refuserait, sur motifs, d'homologuer
l'arrangement amiable intervenu entre le négociant débiteur
et ses créanciers, ainsi qu'il est dit ci-après :

Art. 2. — L'arrangement est dit *amiable*, quand il est consenti entre le débiteur et la moitié en nombre de ses créanciers représentant les deux tiers en sommes; cet arrangement est constaté par un procès-verbal et par l'inventaire
de l'actif et du passif signé par les parties; s'il est homolo-
gué par le tribunal de commerce, ce concordat dispense le

---

[1] Discours de M. Chabert, président du tribunal de commerce, le
13 janvier 1877. — Arrêt de cassation, Degalle, 19 février 1876 (D. P., 1876,
1, 406). — Tribunal de Marseille, réponse au questionnaire Ducuing (1871,
Rajot, imprimeur). — « Ce ne sont pas seulement les créanciers qui vendent
leur vote au concordat, mais bien les mandataires eux-mêmes, qui, trop
souvent choisis parmi les agents d'affaires de bas étage, trahissant leur
mandat, viennent jusqu'à la porte du prétoire faire marché avec le failli et
lui refuser leur concours et leur voix, s'il ne les rénumère séance tenante,
soit en billets de banque, soit même en monnaie divisionnaire, selon l'im-
portance de la créance du mandant ou la situation du débiteur. » (Camberlin,
ouvrage cité).

débiteur de l'apposition des scellés et de l'inventaire judiciaire.

Art. 3. — Le concordat amiable ainsi constaté permet au débiteur de conserver l'administration de ses affaires et de procéder à la liquidation concurremment et avec le consentement d'une commission nommée par les créanciers intéressés.

Le débiteur concordataire se trouve affranchi de la nomination d'un juge commissaire et d'un syndic. Il est tenu seulement de déposer tous les mois au tribunal de commerce un état de situation certifié par la commission des créanciers [1].

Ce projet ne s'écarte pas assez de ceux que nous avons déjà examinés pour motiver une critique spéciale; l'absence d'inventaire judiciaire, l'arrangement intervenu, en dehors de la garantie de la vérification et du vote publics, l'intervention d'un tribunal, qui ne peut se renseigner suffisamment, le fonctionnement de créanciers commissaires dont la responsabilité est aussi vague que la mission, le silence prudent qui est gardé sur la question des rapports, toutes ces objections se représentent à l'esprit.

IV. En résumé, les lacunes si nombreuses et les contradictions que l'on relève dans les lois et projets que nous avons examinés, font ressortir la nécessité de conserver pour la réalisation de l'actif cette procédure que le législateur a établie avec l'autorité d'une double révision et qu'une jurisprudence de quarante années a fixée dans tous ses points.

En dehors des formes actuellement en vigueur, l'actif est en péril, sa constatation est aussi incertaine que sa conservation; la minorité créancière est exposée à subir la loi d'une majorité suspecte; la puissance publique, qui a le droit de demander des comptes au failli, comme à un capitaine qui a

---

[1] Les articles 4 et 5 n'offrent pas d'intérêt spécial. M. Daron avait formulé tout un ensemble de dispositions inspirées des mêmes principes, mais plus détaillées ; leur étendue ne nous permet pas de les reproduire (séance du 10 mai 1871). Citons encore un projet rédigé par la chambre de commerce de Saône-et-Loire en réponse au questionnaire Ducuing et celui indiqué en une brochure (Dentu, 1871), intitulée: *Solution possible de la proposition Ducuing*.

perdu son navire, ne peut s'éclairer, ni agir avec précision et opportunité.

Bien entendu, nous ne soutenons nullement que la faillite ne soit chose affligeante et désastreuse, mais faut-il, en appliquant une expression célèbre, la rendre *aimable?*

Faut-il désirer que nos négociants se résignent paisiblement à la déconfiture, comme cette maison de Paris, qui exclame dans tous ses prospectus :

« Enfin nous avons fait faillite ! »

Toutefois, s'inspirant des dispositions de l'article 1er du décret de 1848 et des observations sus-relatées de M. Bravard-Veyrières, le législateur pourrait exonérer de la qualification de failli et des incapacités attachées à l'état de faillite; le débiteur, qui serait jugé digne d'une telle faveur par le tribunal, obtiendrait et exécuterait *un concordat stipulant de simples délais et n'accordant aucune remise de dette*[1].

En dehors de ces strictes conditions, le débiteur est dûment qualifié de failli, car il a failli et toute restauration de son statut est une atteinte aux droits des créanciers non payés et la destruction de toutes les raisons qui peuvent lui faire conquérir la réhabilitation.

La réhabilitation n'est-elle pas en effet nécessaire au point de vue moral? N'est-ce pas elle qui inspire, à la majorité comme à la minorité des créanciers, l'espoir légitime que la remise de dette n'est que provisoire.

Maintenir les incapacités de la faillite, c'est rendre la réhabilitation désirable au débiteur et accorder à tous les créanciers une garantie à défaut de laquelle le sacrifice ne sera jamais racheté par le concordataire.

C'est sur ce point surtout que se concentrent les efforts des adversaires et des défenseurs des concordats amiables.

« Il est une règle impérieuse, *disait M. Le Royer*[2], c'est « celle qui impose le respect des conventions librement consenties; or de quel droit la loi interviendrait-elle pour « contraindre la minorité à subir la loi de la majorité? La « résistance d'un seul créancier est légitime par la puissance

---

[1] Camberlin, ouvrage cité.
[2] Rapport de M. Le Royer sur la proposition Ducuing (séance du 9 août 1871).

« coercitive du titre qu'il produit, et cette puissance est la
« même aussi bien, quand il a en face de lui les créanciers de
« son débiteur que le débiteur lui-même. — Les ayants cause
« de celui-ci n'ont pas d'autres droits que ceux du débiteur.
« — Pourquoi la force du nombre opprimerait-elle l'inferio-
« rité numérique du droit? C'est en vain que l'on fait valoir
« les calculs de l'avidité, les entêtements irrités et l'aveugle-
« ment d'un créancier opposant, méconnaissant l'intérêt de la
« masse. Armé de son titre, fût-il seul contre tous, il a le droit
« de dire: « que le débiteur exécute son engagement ou qu'il
« expie son impuissance par la faillite. »

Ces sévères conclusions n'ont pas été acceptées sans pro-
testation.

« Le principe invoqué, *dit M. Dramard* [1], n'est-il pas la
« plus énergique condamnation du système adopté par le
« Code de commerce pour les concordats? Or, par lui le con-
« cordat judiciaire ne peut plus se soutenir et la minorité,
« convoquée devant le juge pour le consentir, pourra de-
« mander de quel droit la force du nombre pourra opprimer
« l'infériorité numérique de son droit.

« Oui, sans doute, quiconque a un droit ne peut être con-
« traint d'y renoncer et cette vérité pourrait être d'une ap-
« plication absolue, si nous étions autre chose que des
« hommes, parce que détachés des intérêts matériels, nous
« ne voudrions que le possible et le juste. Oui, le droit est
« chose sacrée entre toutes; mais appliquez rigoureusement
« cet axiome aux relations humaines, et tout s'arrête. — Ce
« droit qu'a la minorité ne me blesse-t-il donc pas moi, ma-
« jorité, dont il va peut-être mettre à néant tous les intérêts?
« Quand, des sommets de la théorie pure, on descend aux ré-
« gions beaucoup plus humbles de la pratique, trouve-t-on
« rien de plus contraire à tout progrès social que le veto?
« A-t-il jamais pu exister un veto si absolu que l'on n'ait dû
« trouver des combinaisons pour l'annihiler?

[1] *Revue critique*, 1873-74, p. 296, Des concordats amiables, par M. Dramard, juge au tribunal civil de Béthune. Voir dans le même sens le rapport
adressé à la chambre de commerce du Hâvre (Brindeau, Havre 1872). La
chambre n'a pas adopté les conclusions du rapporteur.

Et après avoir examiné les articles 507 et 516 du Code de commerce, M. Dramard ajoute :

« Eh bien! puisqu'en définitive les résistances individuelles
« doivent fléchir devant l'intérêt du plus grand nombre, puis-
« que dans tous les cas, il faudra arriver à ce résultat que la
« force du nombre opprimera l'infériorité numérique du
« droit, il ne s'agit plus que de réglementer les conditions
« dans lesquelles cette exception pourra être autorisée. Les
« formes adoptées par la loi de 1838 font-elles une équi-
« table appréciation des intérêts en présence, ou au con-
« traire faut-il chercher une autre combinaison pour leur
« donner satisfaction? Tout le problème est là et il n'est que
« là, et le point de savoir si la minorité doit subir la loi de
« la majorité, n'a rien à y voir, car admettre cette donnée,
« c'est la négation même du problème, c'est l'abrogation
« des articles 507 et 516 du Code de commerce. »

Cependant M. Dramard reconnaît la nécessité d'une sanction morale :

« La nature particulière de la dette commerciale dont le
« crédit est la base, l'absence de toute garantie matérielle
« qui en assure l'acquittement, imposent au débiteur dans
« l'accomplissement de ses engagements une exactitude plus
« rigoureuse.

« Les circonstances nécessitent une sanction plus étroite
« aux obligations de cette nature. L'honneur du commer-
« çant étant toujours la seule sanction de son crédit, c'est
« dans son honneur qu'il doit être frappé, quand il a manqué
« à sa parole. »

Le Code de commerce nous paraît absolument répondre
tout à la fois aux principes proclamés par M. Le Royer, aux
objections que M. Dramard tire de l'intérêt de la masse et à
ses très-sages déclarations sur la nécessité de frapper dans
son honneur le négociant, qui a manqué à ses engagements.

Le concordat, est, d'une part, l'adoption d'une combinaison
fondée sur la confiance qu'inspire la remise du débiteur à la
tête de son actif et d'autre part c'est le rejet de toutes
mesures de réalisation immédiate[1]; c'est une option entre

---

[1] Sauf en cas de concordat par abandon d'actif.

deux partis sur lesquels les créanciers peuvent se trouver divisés. — Cette indivision, il faut la trancher et devant un concours de droits également respectables, la prédominance appartient nécessairement aux intérêts qui, plus nombreux et ralliés à une même solution, sont présumés avoir de la situation une notion plus exacte.

C'est aussi un témoignage sympathique et bienveillant donné au débiteur, et la justice, par son intervention éclairée, en rehausse singulièrement le prix[1].

Mais le concordat ne saurait être confondu avec la réhabilitation et être considéré comme un satisfecit intégral.

La loi ne peut en effet proclamer l'affranchissement absolu du débiteur qui obtient remise de dette. Qu'elle le délie de toute obligation positive, soit! mais qu'au moins elle accorde une prime à sa probité, si favorisé par la fortune, il met un terme aux sacrifices de ses créanciers.

Il est bien certain que le débiteur honnête qui aura rétabli sa fortune, trouvera dans les inspirations de son for intérieur de puissantes raisons de ne pas jouir de sa nouvelle condition, et de ne pas oublier ce qu'il doit à la confiance et à la sympathie de ses créanciers, alors que ces derniers auront encore en portefeuille ses effets à demi-payés! mais est-ce assez de ces excitations de la conscience que le temps, l'égoïsme et tant d'autres mobiles peuvent singulièrement apaiser?

Puisque la loi intervient pour rendre le concordat obligatoire, ne doit-elle pas rendre l'acquittement intégral du passif absolument désirable aux yeux du débiteur? Le créancier peut se dire : « Je suis impayé, mais j'ai espoir dans la pro- « bité de mon débiteur et cet espoir, je ne le fonde pas seu- « lement sur ses scrupules de galant homme, mais aussi bien « sur ce fait légal qu'il demeure failli jusqu'à ce que la

[1] Dans un mémoire adressé au ministre du commerce par MM. Allain et Ch. Petit, au nom d'une commission, qui avait été nommée par le syndicat général des chambres syndicales (groupe dit de l'*Union nationale*), l'on demandait qu'une décision du tribunal, rendue sur le rapport de son commissaire, déclarât après l'affirmation des créances, s'il y avait lieu de procéder au concordat ou prononçât l'union d'office (journal l'*Union nationale* du 25 novembre 1868). Ce système nous paraît mériter l'attention.

« faillite soit effectivement anéantie. Que si mon débiteur
« jouit de sa fortune sans songer à la lésion que je continue
« de subir, c'est son droit strict ; mais au moins la déchéance
« morale ne cesse pas d'être encourue ; ni devant la con-
« science, ni devant la loi, il ne peut réclamer cette [consi-
« dération réelle et apparente que mérite le négociant
« intègre.

« J'avais eu foi en lui au jour de sa détresse, mais dans sa
« prospérité il spécule sur ma bienveillance ; son honneur
« est mon gage, le dernier que j'aie et que je puisse avoir :
« je le retiens inexorablement comme il retient mon bien. »

« Mais il faut éviter, *dit M. Dramard*, que cette peine
morale atteigne son crédit et réagisse ainsi sur ses créanciers ;
si donc ceux-ci, appelés à donner leur avis sur son excusabilité, lui en refusent le bénéfice, bien que concordant avec lui,
il suffira pour le rendre plus circonspect et plus soigneux à
l'avenir d'une peine morale connue de presque eux seuls,
ajoutée au chagrin d'avoir été réduit à implorer leur pitié. »

L'insuffisance de la solution de M. Dramard est manifeste ;
comment un tribunal pourra-t-il homologuer un concordat
accordé à un négociant, que ses créanciers déclarent inexcu-
sable ? Comment la qualification de failli pourra-t-elle lui être
évitée devant une déclaration de cette gravité ?

Quel stimulant pourra toucher son courage et sa vertu, si
*dès le jour du concordat et non plus tard et suivant le mérite
de ses efforts*, il est prononcé sur son excusabilité ou sur son
inexcusabilité ? N'est-il pas plus logique d'attacher la réhabilitation à l'effacement de la faillite plutôt qu'à des délibéra-
tions entachées d'hostilité ou de complaisance, qui font trop
bonne ou trop mauvaise la situation du débiteur ? Quel est, en
résumé, le résultat à obtenir ? Que la partie de la dette remise
soit payée ; c'est à ce résultat constaté qu'il faut attacher la
restauration de l'honneur et non à des consultations dépour-
vues de publicité et de sanction.

« Les devoirs sans sanction, les obligations sans autre con-
« trainte que celle d'un sentiment moral sont aisément ou-
« bliées ; la conscience sous l'action du temps, de l'habitude
» du fait accompli ne tarde pas à se taire, de telle sorte que

---

[1] M. Le Royer, quatrième rapport sur la proposition Ducuing, 12 mai 1872.

« la voie de la réhabilitation si peu utilisée deviendra avec
« le concordat amiable une lettre morte au grand détriment
« de l'intérêt privé et de l'intérêt général [1]. »

Et à l'appui de cette conclusion M. Le Royer citait les résultats de l'enquête faite auprès des tribunaux et chambres
de commerce ; sur 290 réponses, 210 étaient défavorables
absolument à l'admission des concordats amiables; 80 se
montraient sympathiques au principe, mais amendaient les
projets dans un sens généralement restrictif; Saint-Étienne,
Reims, Nancy, Lyon, Marseille, Bordeaux, Lille, Rouen,
Nantes, Elbeuf et Paris, c'est-à-dire les principales places de
commerce s'étaient prononcées contre la proposition [1].

VI. La proposition que nous avons faite plus haut d'affran-
chir provisoirement de toutes incapacités, le concordataire
qui solliciterait et obtiendrait de ses créanciers et du tribunal un simple atermoiement, ne nous paraît pas excéder les
limites posées par MM. Bravard-Veyrières et Le Royer; c'est
rapprocher du débiteur la réhabilitation, qui en est un peu
éloignée et ne tente souvent pas un négociant, qui a été tout
d'abord frappé dans son honneur. Que de faillis, après avoir
souffert douloureusement cette appellation et la privation des
droits qu'elle entraîne, s'y sont peu à peu résignés et ont
fini par ne plus sentir le désir de s'en faire solennellement
décharger !

C'est ce que la loi belge semble avoir en vue en établissant
la procédure des sursis de payement [2].

Toutefois, cette mesure ne peut s'appliquer, ainsi qu'il
résulte du premier article qui en est presque la définition,
qu'à des hypothèses bien rares.

Art. 593. — « Le sursis de payement n'est accordé qu'au
commerçant qui, par suite d'événements extraordinaires et
imprévus, est contraint de cesser temporairement ses paye-

[1] La chambre de commerce de Marseille (Barille, Marseille 1871) rejette
également le projet Ducuing, mais propose de rendre les droits civils et
politiques aux faillis déclarés excusables et de dispenser de l'apposition des
scellés tout commerçant qui aura spontanément déposé son bilan.

[2] La loi de 1869 sur les faillites anglaises admet le failli à concorder avec
ses créanciers à toute époque des opérations si le jugement déclaratif de
faillite est annulé par l'acceptation de l'arrangement (Gardissal, *Étude sur
la loi anglaise des faillites*, 1871, Paris).

ments, mais qui, d'après son bilan dûment vérifié, a des biens ou moyens suffisants pour satisfaire tous ses créanciers en principal et intérêts. »

Cette parfaite balance entre le passif et l'actif constitue une condition difficile à rencontrer; le débiteur, si la situation peut ainsi s'équilibrer, a toujours assez de crédit pour trouver les ressources qui lui permettront de faire face au passif exigible et d'attendre l'échéance de son actif non exigible. Aussi, de 1861 à 1870, il n'a été demandé aux trois Cours d'appel belges que 37 sursis, dont 35 ont été accordés et 2 refusés [1].

La proposition que nous avons faite, sera d'une application plus facile et plus fréquente que la loi belge; elle sera aussi légitime.

Il convient en effet de tenir compte au débiteur des bonnes chances de l'avenir; d'ailleurs sa famille ne pourra-t-elle pas lui apporter une aide puissante, si à un moment quelconque il lui est difficile de tenir les engagements de son concordat?

Il faut, en d'autres termes, rendre la faillite pénible, mais donner au débiteur de grandes facilités pour l'éviter, rapprocher de lui dans cette lutte tous ceux qui lui sont attachés par la solidarité du nom et de la parenté et en même temps sauvegarder le principe inscrit dans notre Code, qui est un principe social : « Quiconque s'est obligé personnellement, est tenu de remplir son engagement sur tous ses biens mobiliers et immobiliers présents et à venir [2]. »

Quant à la procédure du dessaisissement et aux formalités de vérification et d'affirmation, il nous paraît qu'elles doivent être maintenues dans leur ensemble; plus la faveur de la loi est grande, plus doit être méticuleux l'examen des agissements du débiteur. La loi belge, dans l'hypothèse de sursis a établi une procédure de vérification et de surveillance, qui

[1] La loi belge est de 1851. Le sursis peut être de deux ans, et une troisième année peut être accordée si, dans le courant des deux premières, le débiteur a acquitté les 60 p. 100 de son passif. M. Dansaert, membre de la Chambre des représentants, a déposé le 9 février 1872 un projet instituant des concordats *préventifs de la faillite;* ce projet est soumis aux Cours et tribunaux belges. La loi portugaise contient des dispositions à peu près analogues.

[2] Article 2092 du Code civil.

nous paraît, à rigueur égale, ne pas avoir les immenses avantages de l'inventaire judiciaire et du dessaisissement [1].

VII. La législation étrangère nous offre dans l'ordre d'idées de notre étude que peu de renseignements; de toutes parts, on signale des lois en élaboration et d'une promulgation très-récente; aucune, parmi celles, qui diffèrent de la loi de 1838, n'a pour elle l'autorité d'une application de quelque durée [2].

La loi votée par le Reichrath allemand en 1875 et applicable à tout l'Empire, ne sera exécutoire qu'en 1879; ni le concordat forcé, qui exige des conditions de majorité analogues aux nôtres, ni le concordat amiable qui est consenti à l'unanimité, ne relèvent le failli d'aucune incapacité; la réhabilitation est toujours nécessaire, mais elle est de deux sortes, est-elle demandée au moment où la procédure de faillite va prendre fin, il suffit au débiteur de prouver que son insolvabilité ne lui est pas imputable et qu'il a de plus satisfait à tous ses devoirs au cours de la procédure; la demande-t-il plus tard, la preuve de sa complète libération est exigée [3].

La loi autrichienne, votée en 1868, ne relève le failli, que par la réhabilitation et après le concordat, des incapacités prononcées contre lui (art. 24); le tribunal doit homologuer le concordat pour le rendre obligatoire, mais il ne peut que vérifier, si les formes relatives à la production des créances et à la sincérité du bilan ont été remplies; son contrôle ne va pas au delà [3].

La faillite, en Angleterre, n'existe pas à proprement parler; un acte de 1869 établit les cas de banqueroute, qui ressortissent plutôt au droit pénal qu'au droit commercial; toute-

---

[1] « L'inventaire, en même temps qu'il n'a rien de rigoureux, ni de vexatoire, est une garantie pour les créanciers et aussi pour le syndic dont il couvre la responsabilité, et pour le débiteur lui-même qu'il met à l'abri du soupçon. » (Camberlin, *Réflexions sous forme de réponse au questionnaire de la commission parlementaire*, 1871.)

[2] Les lois norvégienne (1863), suédoise (1862), des Pays-Bas se rapprochent beaucoup de notre Code. La loi danoise date de 1872.

[3] *Bulletin de la Société de législation comparée*, juillet 1875, p. 386, Étude de M. Delaporte.

[3] *Loi des faillites autrichienne*, par Félix Salles, avocat, 1877, Paris.

fois, un acte de 1860 a établi une procédure de liquidation qui peut se résoudre de trois façons : 1° par la réalisation de l'actif confiée à un syndic ; 2° par le contrat de composition ; 3° par l'acte d'arrangement[1]. Il y a composition, lorsque les propositions du débiteur ont été accueillies par les trois quarts en nombre et en sommes des créanciers d'au moins chacun dix livres et homologuées par la Cour.

Il y a encore composition, si, au cours d'une procédure de banqueroute, les neuf dixièmes des créanciers en nombre et en sommes, acceptent les propositions du débiteur ; la procédure tombe à l'instant.

Il y a arrangement amiable, quand, sans aucune intervention de la Cour, les six septièmes des créanciers concordent avec le débiteur.

Les arrangements sont fréquents en Angleterre, et peut-être peut-on dire que cela tient à l'énormité des frais qu'entraîne toute banqueroute, liquidée judiciairement. Les arrangements sont loin de faire à tous les créanciers une équitable répartition de l'actif et une même condition, mais tout en perdant ce qui leur est enlevé par le débiteur ou des créanciers frauduleux, au lieu de maintenir la procédure de banqueroute, les créanciers gagnent encore à accepter l'arrangement proposé.

Les nombreux bills, qui sont déposés chaque année sur le bureau du Parlement, semblent justifier cette opinion très-répandue.

En 1867, une loi a été votée qui établissait un système uniforme de faillites dans toute l'Union américaine ; après de nombreuses discussions a été adoptée la loi du 22 juin 1874, qui distingue les faillites en deux classes distinctes : 1° faillites involontaires ; ce sont celles provoquées par les créanciers ; il y avait eu de nombreux abus, aussi la Cour a-t-elle le droit de décharger le débiteur de son passif, malgré la volonté des créanciers, et quel que soit le dividende produit ; 2° faillites volontaires ; ce sont celles déclarées par le débiteur lui-même. Aucune décharge ne peut lui être ac-

---

[1] *Revue pratique*, Bertrand, année 1866, p. 423, Étude sur la loi de banqueroute anglaise.— *Etude sommaire de la nouvelle loi anglaise sur les faillites,* par F. Gardissal, avocat.

cordée, si son actif n'est pas égal à 30 p. 100 de son passif ;
toutefois, il y a exception si le quart des créanciers en
nombre représentant le tiers en sommes consent à le libérer [1].

La loi ne paraît pas avoir donné jusqu'ici des résultats
satisfaisants ; adoptée après un conflit entre le Sénat et la
Chambre des députés, elle est chaque jour l'objet de bills
d'abrogation, et de nombreux publicistes imputent à son
imperfection la quantité énorme des faillites et les frais
excessifs de leur administration [2].

Il ne nous paraît pas possible de tirer un résultat précis
de l'étude de lois qui, dans chacun des pays où elles sont en
vigueur, semblent contraires aux vœux de l'opinion publique ;
leur révision est prochaine et leur durée aura été courte ; les
Américains et les Anglais, en considérant la faillite comme
un événement normal et d'ordre privé, ont négligé toutes
les mesures qui ont pour but la recherche et la répression
des délits ; on a dit, plaisamment sans doute, mais avec
quelque vraisemblance, qu'aux États-Unis, il n'était guère de
commerçants qui n'eussent fait faillite au moins une fois.

La loi de 1838, de toutes celles qui règlent la matière si
délicate de la faillite, paraît la plus ancienne et semble le
type que les nations étrangères se sont principalement attachées à suivre ; les enquêtes de 1872, comme les débats de
1848, en ont fait ressortir l'admirable harmonie ; incontesta-
blement, sur bien des points, des réformes peuvent être
faites ; nous en avons proposé plusieurs dans un précédent ar-

---

[1] *Annuaire de législation comparée*, 4e année, p. 684.

[2] Voici d'après l'*Economiste français*, 2 novembre 1878, p. 564, quelques
chiffres fournis par la maison R. G. Dun de New-York :

ANNÉES.	Nombre des faillites.	Passifs.	Passifs moyens.
1875	7.740	201.060.333	25.960
1876	9.092	191.110.78	21.020
1877	8.872	190.699.936	21.491
1878 (9 mois).	8.678	197.111.129	22.725

Le dollar vaut 5 fr 17 c. La population, d'après le recensement de 1870,
est de 39 millions d'habitants ; dans un autre travail paru dans le Recueil,
même année, nous avons donné le chiffre des faillites déclarées en France
depuis trente ans. (Voir également même journal, numéro du 3 août 1878,
p. 148.)

ticle, et aujourd'hui encore, nous nous faisons l'écho d'une demande d'adoucissement considérable à la rigueur du texte; mais l'esprit de la loi nous est sacré, parce qu'il a conservé à nos mœurs commerciales ces habitudes d'ordre, d'économie, de probité qui sont la source et la garantie du crédit et de la moralité de la nation.

Imprimerie Arnous de Rivière, rue Racine, 26.

PARIS. — IMPRIMERIE ARNOUS DE RIVIÈRE, 26, RUE RACINE.

www.ingramcontent.com/pod-product-compliance
Lightning Source LLC
Chambersburg PA
CBHW060518200326
41520CB00017B/5095